А. Л. Максимова

W0250021

10 УРОКОВ РУССКОГО РЕЧЕВОГО ЭТИКЕТА

2–е издание

Санкт–Петербург
«Златоуст»

2002

Максимова А. Л.
10 уроков русского речевого этикета. – 2-е изд. – СПб.: «Златоуст», 2002. – 104 с.

Главный редактор: А.В.Голубева
Редактор: М.Ю.Абакумова
Оригинал-макет: И.Ю.Гороховский
Иллюстрации: Р.И.Шустров

Данное пособие предназначено для работы на интенсивных языковых курсах с иностранными учащимися, владеющими русским языком на первом сертификационном уровне (ТРКИ-1).

Цель пособия – дальнейшая активизация разговорной речи и приобщение иностранцев к русской языковой среде.

ISBN 5-86547-258-5 © ЗАО «Златоуст», 2000, 2002

Подготовка оригинал-макета: издательство "Златоуст".
Подписано в печать 01.07.2002. Формат 60×84/16. Печ. л. 6,5. Печать офсетная. Тираж 3000 экз. Заказ № 981.
Код продукции: ОК 005-93-953005.

Лицензия на издательскую деятельность ЛР № 062426 от 23 апреля 1998 г.
Санитарно-эпидемиологическое заключение на продукцию издательства Государственной СЭС РФ № 78.01.07.953.П.003882.05.01 от 16.05.2001 г.

Издательство «Златоуст»: 197101, Санкт-Петербург, Каменноостровский пр., д. 24, кв. 24. Тел. (7-812) 346-06-68, факс (7-812) 103-11-79, e-mail: sales@zlat.spb.ru, http://www.zlat.spb.ru

Отпечатано с диапозитивов в ФГУП «Печатный двор» Министерства РФ по делам печати, телерадиовещания и средств массовых коммуникаций. 197110, Санкт-Петербург, Чкаловский пр., 15.

СОДЕРЖАНИЕ

Тема I

ПРЕДСТАВЛЕНИЕ, ЗНАКОМСТВО

Знакомство

Нейтральная форма

Я хочу с вами познакомиться. Меня зовут Сергей Иванович. А вас?
Я хотел бы с вами познакомиться.
Мне хочется с вами познакомиться.
Мне хотелось бы с вами познакомиться.

Неофициальная форма

Давай(те) познакомимся! Сергей.

Давай(те) знакомиться! Николай Петрович. Можно просто Николай.

Будем знакомы. Ирина. Можно просто Ира.

Меня зовут Сергей Степанович. А Вас?

Официальная форма

Разрешите (с вами) познакомиться! Родионов Николай Павлович. Финансовый директор компании.

Разрешите (позвольте) представиться! Профессор Максимова.

Будем знакомы. Смирнов.

Ваша фамилия? Простите, как ваше имя–отчество?

Представление третьего лица

Познакомьтесь (пожалуйста)!
Познакомьтесь (пожалуйста) с __________
Знакомьтесь! Это __________
Я хочу познакомить вас с __________
Я хотел бы познакомить вас с __________
Мне хотелось бы познакомить вас с __________
Я хочу представить вас (дательный падеж) __________
Я хочу представить вам (винительный падеж) __________

Ответные реплики

Очень приятно!
(Мне) Очень приятно с вами познакомиться!
(Мне) Очень приятно, что я с вами познакомился!
Я счастлив с вами познакомиться!
Я счастлив, что познакомился с вами.
Мы уже знакомы. (Мы уже познакомились.)
Мы уже встречались. Я вас знаю.
Я вас где–то видел. (Я вас где–то встречал.)
Ваше лицо мне знакомо.
Я о вас слышал. (Мы о вас говорили.)

Задания

1. *Познакомьтесь без посредника (через посредника) со слушателями курсов русского языка.*
2. *Познакомьтесь без посредника в неофициальной обстановке с одним из гостей.*
3. *Познакомьтесь через посредника в официальной обстановке с коллегами.*
4. *Прочитайте примеры употребления этикетных формул. Дайте свой комментарий.*

①

Тем временем из-за стола поднялся сутулый ярко-седой человек лет шестидесяти с бледным вислым носом и заметными черными бровями.

– Юрий Иванович? – спросил он высоким носовым голосом.

– Это я.

– Очень рад. А я Борис Михайлович Ган. Будем знакомы.

②

– Товарищи, – сказал Ган. – Я привел нашего нового сотрудника Юрия Петровича Нематова. Будьте знакомы.

Девушка в водолазке сухо шагнула к Нематову и подала узкую коричневую руку:

– Магда.

– Магдалина Васильевна Вишнякова, старший научный сотрудник, кандидат технических наук, – пояснил Ган.

– Для такого длинного названия объект маловат, – скупо усмехнувшись, сказала Магда.

Человек постарше, сидевший на стуле, снял ногу с ноги, встал и, наклонив голову, представился:

– Игорь Константинович Полынин.

– Доктор технических наук, – подсказал высокий в углу.

Молодой человек в углу снял наушники и с приветливым поклоном произнес:

– Феликс Толбин, пока без отчества и без степени.

– Очень рад, – сказал Нематов, чтобы не молчать.

И. Грекова

③

– Я мать Ио, – начала она. – Вы простите, вас, кажется, зовут Рудольфио.

– Да, – улыбнувшись, согласился он.

– Я знаю о вас от дочери. В последнее время она много говорит о вас, но я...

④

– Как ее зовут?

– Кого – жену?

– Ну да.

– Клава.

В. Распутин

⑤

Некоторое время они шли молча, и она сказала:

– А вы ведь еще не сказали, как вас зовут.

– А тебе это интересно знать?

– Да. А что особенного? Почему-то некоторые считают, что если я хочу знать, как зовут человека, то обязательно проявляю к нему нездоровый интерес.

– Ладно, – сказал он, – я все понял. Если тебе это необходимо – меня зовут Рудольф.

В. Распутин

⑥

– Граждане пассажиры, приготовьте, пожалуйста, билеты, – и, извлекая на ходу значок контролера, направилась ко мне.

– Ваш билет, гражданин?

А. Панфилов

⑦

– Эх, Малеев, Малеев! – сказала Ольга Николаевна. – Вот и видно, что ты за лето даже в руки книжку не брал!

Это моя фамилия Малеев. Ольга Николаевна когда сердится, всегда меня по фамилии называет, а когда не сердится, то зовет просто Витя.

Н. Носов

⑧

– А как вас зовут? – спросила я.

– Виталик.

– Терпеть не могу таких имен. Валерик, Виталик, Владик, Алик... Только и слышишь: ик, ик, ик... Это, по-моему, ужасно не свойственно русскому языку.

– Как вы сказали? Не свойственно русскому языку? В каком смысле?

– Раньше таких окончаний не было. Что-то в них сентиментальное. Представьте себе, например, героев «Войны и мира»: Николай Ростов, Андрей Болконский, Пьер Безухов. Вообразите, если бы их звали Колик, Андрик, Пьерик.

– Интересно. Значит, нельзя говорить Виталик?

– Не то что нельзя, а лучше не надо.

– А как же меня звать?

– Просто Виталий. Хорошее, звучное имя. Виталий, значит, жизненный.

И. Грекова

5. Составьте диалоги по рисункам данной темы.

• • •

Тема II

ОБРАЩЕНИЕ

Обращение к незнакомым людям

Простите!
Извините.
Скажите, пожалуйста.
Извините, не могли бы вы сказать ________?
Извините, вы не знаете ________?
Будьте добры (любезны) ________
Вы не можете (сказать) ________?
Не могли бы вы (перевести) ________?
Можно (разрешите) (вас) спросить?
Можно вас (тебя) на минутку?
Пожалуйста!
Разрешите обратиться!
Товарищ!
Гражданин!
Гражданка!
Граждане пассажиры (пешеходы)!
Молодой человек!
Девушка!
Бабушка!
Дедушка!
Товарищ милиционер (пассажир)!
Доктор! Сестра! Нянечка!
Больной! Пациент!
(Дорогие) (Уважаемые) Товарищи! Друзья! Коллеги!
(Уважаемые) Дамы и господа! Господа!

Обращение к знакомым

Глеб, Борис, Антонина; Тоня, Тонечка.
Тонька, Антонина Лукинична.
Тетя Тоня. Дядя Борис.
Товарищ полковник!
Кривошеев! Васильева!
Гражданин Петров!
Гражданка Петрова!
Господин Смирнов!
Госпожа Смирнова!

Задания

1. Спросите, используя формы обращения и привлечения внимания у прохожего: 1) где находится стоянка такси; 2) как доехать до института; 3) сколько сейчас времени; 4) когда будет экскурсия в Петродворец; 5) когда начнется радиопередача; 6) где будут индивидуальные занятия по русскому языку; 7) где можно купить видеокассеты (фотопленки).

2. Дополните диалоги, используя формы обращения и привлечения внимания.

1. ________
На Университетской набережной.
2. ________
За углом.
3. ________
На третьем этаже.
4. ________
У ректора.

3. Закончите.

Гражданин! ________
Коля, ________
Анна Ивановна, ________
Уважаемые коллеги! ________
Товарищ милиционер, ________
Гражданка! ________
Больной, ________
Доктор, ________
Простите, ________
Скажите, пожалуйста, ________ ?
Извините, вы не могли бы сказать, ________ ?
Вы не можете сказать, ________?
Можно вас на минутку?
Анечка, ________
Доченька моя! ________
Мамочка, ________
Солнышко мое, ________
Девушка! ________
Молодой человек! ________
Женщина! ________
Мужчина! ________
Бабушка! ________
Дедушка! ________
Друзья! ________
Товарищи! ________
Милая! ________
Любимая! ________

4. *Напишите письмо вашим коллегам или друзьям, используя в письме различные формы обращения.*
5. *Познакомьтесь с соседом в самолете.*
6. *Какие формы обращения используются в вашей стране?*
7. *Скажите, в каких ситуациях можно употреблять следующие формы обращения:*

Больной! ... Простите, ... Мамуля! ... Молодой человек, ... Анна Ивановна! ... Девушка! ... Тетя Аня, ... Уважаемые коллеги! ... Дамы и господа! ... Тонечка, ... Радость моя! ... Сестричка! ... Мальчик! ... Господин Овечкин! ... Разрешите обратиться! ...

8. *Дополните предложения, используя формы обращения.*

1. Вы уже получили визу?
2. Вам уже выдали паспорт?
3. Разве ты не знаешь нашего ректора?

9. *Вы – попутчики в поезде. Познакомьтесь друг с другом.*

10. *Вам поручили встретить иностранного коллегу в аэропорту. Не сообщили ничего, кроме страны и фамилии. Найдите среди пассажиров нужного вам человека.*
11. *Заведите разговор с незнакомой девушкой во время танца.*
12. *Представьте другу свою жену.*
13. *В перерыве во время конференции познакомьтесь с коллегами. Выигрывает тот, кто сделает это быстрее других и соберет больше сведений.*
14. *Прослушайте песню. Обратите внимание на обращения и способ знакомства.*

НОЛЬ СЕМЬ

Для меня эта ночь вне закона.
Я пишу – по ночам больше тем.
Я хватаюсь за диск телефона,
Набираю вечное 07.

Девушка, здравствуйте!
Как вас звать? Тома.
Семьдесят вторая! Жду! дыханье затая!
Быть не может, повторите, я уверен – дома!
Вот! Уже ответили! Ну, здравствуй, – это я.

Эта ночь для меня вне закона.
Я не сплю, я прошу – поскорей!
Почему мне в кредит, по талону
Предлагают любимых людей?

Девушка! Слушайте!
Семьдесят вторая!
Не могу дождаться, нетерпение тая.
К дьяволу все линии, я завтра улетаю!
Вот! Уже ответили. Ну, здравствуй, – это я.

Телефон для меня как икона.
Телефонная книга – триптих.
Стала телефонистка мадонной,
Расстоянье на миг сократив.

Девушка! Милая!
Я прошу, продлите!
Вы теперь как ангел – не сходите ж с алтаря!
Самое главное – впереди, поймите.
Вот уже ответили. Ну, здравствуй, – это я.

Что, опять поврежденья на трассе?
Что, реле там с ячейкой шалят?
Ничего, буду ждать, я согласен
Начинать каждый вечер с нуля.

07, здравствуйте!
Снова я. Что вам?
Нет! Уже не нужно. Нужен город Магадан.
Я даю вам слово, что звонить не буду снова.
Просто друг один – узнать, как он, бедняга, там.

Эта ночь для меня вне закона,
Ночи все у меня не для сна.
Я усну – мне приснится мадонна,
На кого–то похожа она.

Девушка, милая!
Снова я, Тома!
Не могу дождаться, и часы мои стоят.
Да, меня, конечно, – я, да, конечно, дома!
– Вызываю. Отвечайте. – Здравствуй! – это я.

В.Высоцкий

15. Прочитайте. Обратите внимание на обращение.

①

Петр Николаевич пошел на кухню выкладывать покупки. С кухни он услыхал:

– Сереж, а представляешь, что сейчас в электричке делается! Жуть! Давай на такси?.. У меня есть ... сейчас ... шесть рублей, надо еще четыре.

– Па! – сказал Сергей, входя на кухню. – Ты мне четыре карбованца не подбросишь?

②

Петр Николаевич принес из проходной чайник с кипятком. В гараже он разлил чай по кружкам.

– Мужики! – позвал он. – Остынет!

Слава и Дмитрий Дмитриевич вошли в гараж, обтирая руки тряпками.

③

Когда Петр Николаевич вернулся домой, дверь ему открыла невысокая, очень стройная и привлекательная девушка лет двадцати.

– О, у нас гости? Здравствуй, Марина.

– Здравствуйте, Петр Николаевич, мы только на минуточку, Сережке переодеться приспичило.

④

– Уверяю вас, Ларочка больше всего хотела, чтобы машина попала в хорошие руки, – поспешил Вадим.

– Какая Ларочка? – холодно взглянул на него Слава.

– Ваша жена, – недоуменно ответил Вадим.

– Мою жену зовут Лариса Семеновна.

– Простите, я не думал, что вам будет неприятно...

– Мне приятней, когда мою жену зовут по имени-отчеству.

И. Грекова

16. Прочитайте примеры употребления этикетных формул. Дайте свой комментарий.

①

– Следующий! – крикнул из дверей мастер в белом халате с ярко-зеленым галстуком.

②

– Вам что, товарищ?

– Я Нематов. Директор просил зайти.

– Нематов? Сейчас доложу.

Она скрылась за черной строгой дверью.

Секретарь вернулась.

– Иван Владимирович вас ждет.

– Юрий Иванович? Рад познакомиться. Пожалуйста, садитесь.

Нематов пододвинул стул.

– Ну что вы, зачем стул, садитесь в кресло, – остановил его директор, – эти кресла у нас для почетных гостей.

И. Грекова

③

– Здравствуй, товарищ Козулин!

Козулин удивленно посмотрел на милиционера.

– Здравствуйте.

В. Шукшин

④

– Женя, – говорила Галя с явной хитрецой, – у меня к тебе предложение, совершенно неожиданное.

Лукашин бы искренне заинтересован:

– Галя, не пугай меня!

– Давай вместе встречать Новый год!

– Но мы и так встречаем вместе!

– Ты меня не понял. Давай встречать совсем вместе и не пойдем к Катанянам!

Э. Брагинский, Э. Рязанов

⑤

– Кто последний?

Несколько голов повернулось ко мне и не ответило.

– Скажите, пожалуйста, кто последний?

– Здесь последних нет.

– Крайнюю ищете, гражданочка? – спросила пожилая в голубых носочках. – Крайняя за мной занимала, да ушла.

– Так я буду за вами, можно? А как вы думаете, товарищи, сколько ждать?

– Часа два, – ответила пожилая.

И. Грекова

17. Составьте диалоги по рисункам данной темы.

• • •

Тема III

ПРИГЛАШЕНИЕ

Нейтральная форма

(Я) приглашаю вас ...

Я хочу Мне хочется Я хотел бы Мне хотелось бы	пригласить вас ...

Приглашаю вас в гости (в театр, на дачу, в сауну, на экскурсию, за город...).

Я хочу пригласить вас в воскресенье на балет.

Я хочу (мне хочется, я хотел бы, мне хотелось бы), чтобы мы с вами сходили ...

Официальная форма

Разрешите (позвольте) пригласить вас ...

Неофициальная форма

Приходи ...
Приезжай ...
Приходите к нам на чашку кофе (чая).
Приходи в среду на кафедру, послушаем доклад шефа.
Неплохо бы сегодня ... (пообедать вместе).
Не сходить ли нам ... ?
Заходи!
Забегай (Заглядывай) как-нибудь ко мне (к нам).
Забеги (Загляни) ко мне (к нам) на минутку.
Загляни как-нибудь.
Входи!
Заходи!
Проходи!
Идем!
Пойдем!
Сходим!
Поужинаем!
Погуляем?
Давай сходим ...
Давай пойдем ...
Пошли ...
Идем в кафе!
Пошли в кино!
Ты хочешь (ты не хочешь, не хочешь ли ты, ты не хотел бы) пойти (сходить) ... ?

Ответные реплики

Спасибо!
С (большим) удовольствием (приду)!
С радостью!
(Я) не возражаю.
(Я) не против.
Ничего не имею против.
Согласен.
Не откажусь.
Я за.
Давай сходим (пойдем).
Пошли.
Договорились.
Решено.
(А) Почему бы и нет?
Может быть (возможно, наверное, вероятно, по-видимому), я приду (пойду).
Не знаю.
Не знаю, смогу ли.
Естественно.

Задания

1. Пригласите вашего друга (подругу), мужа (жену), знакомого, коллегу, шефа: 1) в театр; 2) в гости; 3) на день рождения; 4) на дачу; 5) поужинать в ресторане; 6) поехать на море.

В приглашениях используйте разговорные конструкции, данные в таблице.

2. Закончите фразу.

1. Мне хочется пригласить Вас ... 2. Приглашаю вас ... 3. Приходите к нам ... 4. Заходи ... 5. Давай сходим ... 6. Ты не хочешь пойти ...

3. Вместо точек используйте различные формы приглашения (нейтральная, официальная, неофициальная).

1) _______
С большим удовольствием.
2) _______
Не возражаю.
3) _______
Согласен.
4) _______
Не откажусь.
5) _______
Ничего не имею против.
6) _______
Договорились.
7) _______
Не знаю, смогу ли.
8) _______
Может быть, я приду.
9) _______
Пошли.

4. Напишите приглашения: на свадьбу, на конгресс, на вечер встречи с вашими сокурсниками или коллегами.

5. Прочитайте примеры употребления этикетных формул. Дайте свой комментарий.

①

Николай Георгиевич протянул руку.

– Ну, до свидания! Как-нибудь заходите. У меня тут на путях свой вагон! Поболтаем, чайку попьем с коньячком.

②

Это была одна из ноябрьских суббот 1906 года. Нам позвонил по телефону известный экономист П. П. Маслов:

– Приходите вечером: Гарин приехал.

И. Юдина

③

– Садись с нами, – без всякого желания пригласил Андрей.

– Зачем? Мы вот тут... Нам – в уголку!..

– Как хочешь.

④

Дядя Ермолай некоторое время смотрел на нас... Потом позвал с собой.

– Идите сюда... Идите, идите. Вот тут вот я от дождя прятался.

В. Шукшин

⑤

Ильин по-хозяйски огляделся, повесил на крючок пальто.

– Ну, что ты стоишь? Проходи, – сказал Ильин, – садись.

⑥

– Молодец, что вернулся! – сказала Надя. – Я боялась, что ты уже не придешь. Снимай пальто, и идем!

Надя помогла Ипполиту раздеться, он нежно поцеловал ей руку, и они направились в комнату. Увидев Лукашина, Ипполит оцепенел.

– Как, он еще здесь?

– Не могу же я выставить его на улицу. Первый самолет только в семь часов.

– Так–так... Поужинали... я вижу, вы неплохо проводите время... Музычку завели...

– Не сидеть же голодными, – сказала Надя, выключая проигрыватель, – присоединяйся к нам!

Э. Брагинский, Э. Рязанов

⑦

Позвонили в дверь.

Открыл – перед дверью стоял Пташук.

– Здравствуйте, – смущаясь, сказал он. – Я к вам.

– Прошу.

Э. Брагинский, Э. Рязанов

6. Составьте диалоги по рисункам данной темы.

• • •

Тема IV

БЛАГОДАРНОСТЬ

Нейтральная форма

Спасибо
Спасибо, да.
Спасибо, нет.
Спасибо вам за...

Я благодарен вам.
Я благодарен вам за ...
Я благодарен вам за то, что ...

Усиленная форма

Большое спасибо!
Большое спасибо вам за ...
Спасибо за то, что не забыли меня.
От (всей) души ...
От всей души (всего сердца) благодарю вас за ...
Я вам очень (так, глубоко, чрезвычайно) признателен!
Я так благодарен вам, что нет слов (что нет слов выразить это).
Я до такой степени благодарен вам, что мне трудно найти слова.
Нет слов выразить вам мою благодарность!

Официальная форма

Разрешите вас поблагодарить.
Позвольте выразить вам благодарность.
Я приношу свою благодарность (кому-либо) за ...
Выражаем вам большую благодарность за ...
Я хочу (хотел бы) поблагодарить вас за ...
Мне хочется (хотелось бы) вас поблагодарить за ...
Я хочу (хотел бы, мне хочется, мне хотелось бы) выразить (вам) свою благодарность (признательность).
Я должен поблагодарить вас за ...
Я должен выразить вам благодарность за ...
Спасибо (благодарю) за внимание.
Заранее благодарю вас.
Заранее благодарен вам.
Я буду вам очень благодарен (признателен, обязан).

Ответные реплики

Не стоит.
Не стоит благодарности.
Не за что.
Мне было нетрудно это сделать.
Мне это не составило труда.
Мне было приятно это сделать.
И вам тоже спасибо.
Это я должен вас благодарить.
Ну (Да) что вы.
Ну что вы, мне это было не трудно.

Задания

1. Какую форму благодарности можно использовать к данным ответным репликам?

1) ________

Не за что.

2) ________

Мне было нетрудно это сделать.

3) ________

Мне было приятно это сделать.

4) ________

И вам тоже спасибо.

5) ________

Ну что вы, мне это было не трудно.

2. Дайте ответные реплики.

1) Спасибо.

____

2) Спасибо вам за помощь.

____

3) Большое спасибо!

____

4) Спасибо большое, что помните меня.

____

5) Нет слов выразить вам мою благодарность!

____

6) Разрешите вас поблагодарить.

____

7) Я хотел бы поблагодарить вас за интересную беседу.

____

8) Я должен поблагодарить вас за проделанную работу.

____

9) Спасибо (благодарю) за внимание.

____

10) Заранее благодарю вас.

____

11) Я буду вам очень признателен (обязан).

____

3. Составьте диалоги, используя разговорные конструкции, просьбы и благодарности, в официальной обстановке в следующих ситуациях: 1) вам подарили книгу с дарственной надписью; 2) вас пригласили в гости; 3) вас пригласили провести несколько дней на Черном море; 4) вас поздравили с наступающим праздником, с днем рождения, с юбилеем свадьбы.

4. Что бы вы могли ответить на следующие реплики:

1. Я хочу пригласить вас в воскресенье на обед.
2. Не хотели бы вы встретиться с этим артистом?
3. Может быть, мы пойдем вместе домой?
4. Разрешите вам помочь.
5. Не желаете ли выпить еще чашечку чая?
6. Попробуйте этот пирог с капустой.
7. Я купил вам обратный билет на самолет.
8. Я хочу подарить вам свою книгу.
9. Мы приглашаем вас поехать с нами в Крым.
10. Не хотите купить эти марки?
11. Садитесь, пожалуйста, в это кресло.
12. Проходите в мой кабинет.
13. Чай закипел. Можете наливать.
14. Возьмите талоны.
15. Приглашаю вас принять участие в конференции.
16. Вы можете напечатать ваш рассказ в нашем журнале.
17. Приходите посмотреть новые видеофильмы.
18. Я принес вам фотографии.

5. Как вы понимаете следующие формы выражения благодарности: 1) Нет слов выразить вам мою благодарность. 2) От всей души благодарю вас. 3) Заранее благодарю вас.

6. Дайте ответные реплики.

1) Разрешите вас поблагодарить.

____

2) Нет слов выразить вам мою благодарность.

____

3) Я буду вам очень обязан.

____

4) Я так благодарен вам, что нет слов.

____

5) Спасибо, что помните обо мне.

____

6) Спасибо.

____

7) Разрешите поблагодарить вас за прием.

____

7. Прочитайте примеры употребления этикетных формул. Дайте свой комментарий.

①

Разбудил Юрьева могучий бородач Слава. Он был крайне возбуждён.

– Ну, как спалось на новом месте?

– Да ничего, спасибо. Только жарко было.

В. Барковский, Е. Покровский

②

Ольга Николаевна мгновенно оценила ситуацию:

– Пойду–ка я к Любе продолжать встречать Новый год!

– Огромное вам спасибо! – поблагодарил Лукашин и добавил: – Вы замечательная мама!

Э. Брагинский, Э. Рязанов

③

– Спасибо, Павел, – сказала Нюра.

– Ты мне скажи, когда он придёт...

– Спасибо тебе. Позаботился. А то сидишь одна – и никому-то до тебя нету дела. А ты вот пришел... позаботился... – Нюра отвернулась к окну, кашлянула.

– А чего? – не понял Павел.

– Ничего. Спасибо... – Голос Нюры дрожал. Она вытерла уголком платка слёзы.

В. Шукшин

④

– Поздравляю, – сказал он, продолжая смотреть в том же направлении и даже не удостоив Юрия Андреевича взглядом.

– Спасибо. Я тронут.

– Не стоит благодарности. Я тут ни при чём.

⑤

– Благодарю вас. Я сам врач и лечу себя собственными силами. Я ни в чём не нуждаюсь.

«За что он на меня обиделся?» – подумала Лара и удивленно посмотрела на этого курносого, ничем не замечательного незнакомца.

И. Грекова

⑥

– Дорогие друзья! – Лукашин держал Надю за руку. – Я вам так благодарен за то... что вы вытащили меня в баню... потом перепутали и отправили в Ленинград... И что там тоже есть точно такая же улица с точно такой квартирой... Иначе я никогда не был бы счастлив!

⑦

Надя отворила дверь.

– С наступающим, Наденька! – Ипполит нежно поцеловал любимую. – Вот тебе новогодний подарок!

– Спасибо! Я тебе тоже приготовила подарок, – сказала Надя, – он в комнате.

Э. Брагинский, Э. Рязанов

⑧

– Лора, дорогая, – сказал Ган своим приятным носовым голосом, – мы закончили раньше, чем я думал. Дайте, пожалуйста, товарищу Нематову бланк автобиографии и личный листок по учету кадров.

Вошла Лора – фарфоровая, на длинных ногах и положила на стол бумаги. На Нематова она смотрела отрешенно, поверх.

– Спасибо, – сказал Ган. – Я иду на совещание, а вы, Юрий Иванович, заполните документы.

И. Грекова

⑨

Тут мама схватила кота за шиворот:

– Вот я тебя проучу.

– Мамочка, миленькая, не бей Мурзика! – заплакал Виталик.

– Нечего его жалеть, – сказала мама. – Он ведь не пожалел рыбку!

Н. Носов

⑩

Тамара крикнула:

– Прошу стучать, если открываете дверь ночью, понятно?

– В общих чертах – да.

⑪

Слава взял раскладушку, ушел в свою комнату.

– И вы уходите, вы оба мне надоели, – сказала Тамара Ильину.

Ильин направился к себе.

– Только заприте сначала дверь.

Ильин запер дверь.

– И погасите свет.

Ильин погасил свет.

– И дайте мне хоть немного поспать сегодня!

⑫

– Дядя Коля, Андрей Петрович торопится, его английский профессор ждет. Андрей Петрович в порядке культурного обмена помогает ему переводить Достоевского на свой язык.

– Я чего пришел-то. Так вот, может быть, я забегаю вперед, тогда простите, что касаюсь этой темы. Но ведь рано или поздно, я думаю, вы как-то оформите ваши отношения?

– Дядя Коля, я же прошу!

– Тогда, Алла, я к делу веду. Так вот, я думал, думал... Когда решитесь, оформите ваши отношения – я уеду в деревню, и моя комната в вашем распоряжении и вот, у вас будет отдельная квартира.

Дядя Коля поднялся и пошел. У двери остановился.

– Вы уж берегите ее.

⑬

– Когда он был уже у двери, снова остановился:

– Андрюша, сними пиджак, пожалуйста.

– Зачем?

– Я прошу.

Он снял.

– Закрой глаза.

Он закрыл.

Она тихонько встала, вынула из шкафа синюю куртку, накинула на него.

– Покажись-ка... Как раз. Нравится?

– Нравится.

– Ко дню рождения тебе купила – вот, не вытерпела.

– Зачем?! Просил же тебя не тратиться на это!

– А я хочу, чтобы ты у меня модный был.

А. Володин

⑭

– Можно я сниму пальто, а то здесь жарко?

И он начал снимать дубленку, не дожидаясь позволения.

– Делайте же что хотите... – Не зная, чем себя занять, Надя села у телевизора.

– Извините, а какой номер набрать? – спросил Лукашин заискивающе.

– 10-00-20...

– Большое спасибо.

Э. Брагинский, Э. Рязанов

8. Составьте диалоги по рисункам данной темы.

• • •

Тема V

ПРОСЬБА, РАЗРЕШЕНИЕ

Нейтральная форма

Дай ...
Сделай ...
Принеси ...
Напиши ...
Пожалуйста, приходи ...
Можно (можно ли, нельзя ли) попросить у вас ...?
Вы не можете ...?
Не можете ли вы ...?
Не могли бы вы ...?
Можно мне ...?
Вы не откроете форточку?
Не закроете дверь?

Официальная форма

<table>
<tr><td>Если вам не трудно,
Если вас не затруднит,
Не сочтите за труд,
Я прошу вас …</td><td>дайте, пожалуйста, …</td></tr>
</table>

Очень (убедительно, настоятельно) прошу вас …
Вам не трудно …?
Вас не затруднит …?
Не затруднит ли вас …?
Я попросил бы вас …
Разрешите, я …

<table>
<tr><td>Я хочу (хотел бы)
Мне хотелось бы
Я могу
Могу я
Могу ли я
Не могу ли я</td><td>попросить вас
(у вас)</td><td>книгу?
дать мне книгу?</td></tr>
</table>

Неофициальная форма

Сходишь в магазин?
Починишь телевизор?
Сходим в кино?
Пойдем вместе!

Задания

1. Прочитайте высказывания со значением просьбы, обращая внимание на нужную интонацию.

1. Очень прошу вас приехать к нам на ужин.
2. Вы не могли бы подождать меня пять минут?
3. Я попросил бы вас остаться.
4. Вам не трудно пересесть к окну?
5. Вы не закроете окно?
6. Сходишь в аптеку?
7. Дай мне кассету!

2. Закончите фразу.

1. Принеси ________
2. Вас не затруднит, дайте, пожалуйста, ________
3. Я могу попросить тебя ________
4. Я просил бы вас ________
5. Тебе не трудно ________
6. Вы не откроете ________
7. Можно ли мне ________
8. Разрешите, я ________
9. Починишь ________
10. Сходишь ________

3. Попросите:

1) вашу знакомую написать рецепт приготовления блинов, грибного супа, щей, песочного печенья; 2) Анну Ивановну рассказать о русских праздниках и обычаях; 3) Глеба заказать билеты; 4) Георгия сыграть на гитаре; 5) декана прийти на прощальный вечер; 6) Анну рассказать о погоде на завтра; 7) Сергея Степановича приехать на свадьбу; 8) Елизавету подождать вас у входа в метро.

4. Допишите предложения, выражающие просьбу.

1. Прошу предоставить мне ________
2. Прошу освободить меня ________
3. Прошу выдать мне ________
4. Прошу перевести меня ________
5. Разрешите мне ________
6. Ты не дашь мне на несколько дней ________
7. У тебя нет ________
8. У меня к тебе просьба: зайди ________
9. Напечатай на машинке ________
10. Дай мне ________
11. Сходи в магазин за ________
12. Передайте ________
13. Отремонтируйте мне, пожалуйста, ________
14. Сшейте мне ________
15. Позвоните ________
16. Сыграйте ________

5. Объясните, как вы понимаете данные высказывания:

1. Я попросил бы вас задержаться.
2. Прошу вас задержаться.
3. Задержитесь, пожалуйста.
4. Задержитесь.

6. Закончите просьбой.

Глеб собирается идти в театр. Он снимает с вешалки куртку, а там пуговица на одной нитке висит.

____

7. Используя данные пословицы, попросите что-нибудь у ваших друзей.

В гостях хорошо, а дома лучше. Семеро одного не ждут. Дружба дружбой, а служба службой. Без труда не выловишь и рыбку из пруда. Не откладывай на завтра то, что можешь сделать сегодня. Кончил дело – гуляй смело. Правда дороже золота. Богатый всегда в духе.

8. Отреагируйте на данные реплики, используя приведенные в скобках пословицы.

1. Не возвращай мне эти журналы.
2. Взял бы ты у меня немного денег?
3. Не занимайся, пожалуйста, так много в воскресенье.
4. Помолчи, пожалуйста, сегодня на собрании.

(Умел взять – умей отдать. Умный и без денег богат. Ученье свет, а неученье – тьма. Умный молчит, когда дурак ворчит.)

9. Отгадайте загадки.

1. На какой вопрос нельзя ответить да?
2. На какой вопрос нельзя ответить нет?

(*Ты спишь?*)
(*Ты меня слышишь?*)

10. Прочитайте отрывок из стихотворения А. С. Пушкина «Зимний вечер». Обратите внимание на обращение и способ выражения просьбы.

Выпьем, добрая подружка
Бедной юности моей,
Выпьем с горя, где же кружка?
Сердцу будет веселей.
Спой мне песню, как синица
Тихо за морем жила;
Спой мне песню, как девица
За водой по утру шла.

11. Послушайте песню. Обратите внимание на форму выражения просьбы.

ПРИГЛАСИТЕ ДАМУ ТАНЦЕВАТЬ

Нынче вечер хоть куда.
Разомкнулся навсегда
круг забот,
И в шумном зале
звуки музыки летят.
Вижу ваш случайный взгляд,
Молодой человек,
пригласите танцевать.
Пригласите,
пригласите,
пригласите
и ладонь мою
в руках своих сожмите.
Лет десяток с плеч долой,
В омут танца с головой.
Молодой человек,
потанцуйте же со мной!

А. Иванов

12. Прочитайте примеры употребления этикетных формул. Дайте свой комментарий.

①

– Рудольфио, по–моему, ты несчастлив в семейной жизни, – заявила она через минуту.
– С чего ты взяла?
– Это очень легко увидеть.
– Не выдумывай, – улыбаясь, сказал он.
– А скажешь, счастлив?
– Ничего не скажу.
– Ну вот.

В. Распутин

②

– Ты умница, – воодушевился Лукашин. Он только сейчас осознал все выгоды, которые принесет ему реализация Галиного плана. – Почему это предложение не пришло мне в голову?

– Кто-то из двоих должен быть сообразительным!

– Ты знаешь, мне эта идея определенно нравится! Я выпью, я расхрабрюсь, обстановка будет располагать, и я скажу тебе то, что давно собираюсь сказать!

– А что именно? – с надеждой спросила Галя.

– Обожди до Нового года! – Лукашин явно не мог решиться на объяснение, что-то ему мешало.

– Боюсь, у тебя никогда не хватит смелости! – подзадоривала Галя.

– Трусость старого холостяка.

③

– Мама, кажется, я женюсь...

– Мне тоже это кажется, – согласилась мать.

– Ну и как тебе Галя, нравится?

– Ты ведь на ней женишься, а не я! – ушла от ответа Марина Дмитриевна.

– Значит, Галя тебе не нравится... – огорчился сын.

– Не могу сказать, что я от нее в восторге, но в общем она неглупа, воспитанная... И потом... если ты сейчас не женишься, ты уже не женишься никогда...

– Мне еще только тридцать шесть!

Э. Брагинский, Э. Рязанов

13. Составьте диалоги по рисункам данной темы.

• • •

Тема VI

СОГЛАСИЕ—НЕСОГЛАСИЕ, СОМНЕНИЕ, ОПАСЕНИЯ, ВЫРАЖЕНИЕ СВОЕЙ ТОЧКИ ЗРЕНИЯ

Согласие

Хорошо.
Ладно.
Конечно.
О да!
Вы правы.
Естественно.
Разумеется.
Само собой разумеется.
Само собой!
А как же!
Я вполне согласен с вами.
Я полностью согласен с вами.
Это как раз то, что я хотел сказать.
Вне всякого сомнения.
Я так и думал.
Очень разумно.
Точно.
Вот именно.
Договорились.
Заранее согласен.
Все ясно.
Я так и предполагал.
Вполне вероятно (возможно).

Боюсь, / Похоже, { что так и случится. / что это именно так. / что так и будет.

Согласие выполнить просьбу

Сейчас.
Сию минуту.
Сделаю.
Принесу.
Схожу.
Пожалуйста.
Да, пожалуйста.
Возьмите (пожалуйста).
На, возьми.
Так и быть (оттенок нежелания что-либо делать).
Придется (сходить).
Что же делать.
Что поделаешь.
Хочешь, не хочешь, а надо (сделать).

Несогласие

Я не согласен (не согласна).
Это не так! Извините, вы не правы!
Нет и нет.
Ни за что.
Не могу с вами согласиться.
Вы ошибаетесь.
Вот в этом вы как раз и неправы.
Я иного мнения.
Это не совсем то, что я имел в виду.
Конечно, нет.
Совсем нет.
Об этом не может быть и речи.
Ни за какие деньги.
Все как раз наоборот.
Я против.
Вы несправедливы.
Ничего подобного.
Не годится.
Этого не может быть.
Это исключено.
Неправда!

Сомнение

Да?
Да ну?
Неужели?
Разве?
Это правда?
Сомневаюсь, чтобы ...
Маловероятно, чтобы ...
Очень в этом сомневаюсь.
Вы это всерьез?
Вы не шутите?
Не могу решиться.
Сомневаюсь. Вряд ли.
И вы хотите, чтобы я этому поверил?
Я бы не сказал.
Вам видней.
В какой-то мере.
Я не уверен.
(Мне) трудно сказать.
И да, и нет.
Вы уверены?
Это все действительно так?

Выражение своей точки зрения

По–моему, ...
Мне кажется, ...
Послушайте, что я вам скажу ...
Значит, так...
Начну с того, что ...
На мой взгляд ...
Я думаю (считаю, полагаю), что ...
По моему мнению...
Насколько я понимаю, ...
С одной стороны, ...
С другой стороны, ...
Общеизвестно, что...
Учитывая все обстоятельства, ...
При прочих равных условиях ...
Следует признать, что...
Мне бы хотелось внести ясность ...
Вы во многом правы, но ...
Однако следует помнить о том, что ...
Я понимаю вас, но ...
Нельзя отрицать того, что ...
В заключение мне хотелось бы сказать ...
Таково мое мнение ...
Вы можете не согласиться со мной, но ...

Выражение опасения

Боюсь, на улице холодно.
Тебе не скучно?
Что, если завтра будет мороз? Как же мы тогда поедем?
Как бы не пошел дождь.
Как бы не пришел кто–нибудь.
А что, если он потерял адрес?
А что, если он не приедет?
Я не обременю Вас?

Задания

1. Вставьте различные конструкции, выражающие согласие – несогласие, сомнение, свою точку зрения.

1. Боюсь, вам придется немного подождать.

____

2. Я вас не задерживаю?

____

3. Я не помешаю?

____

4. Вы не устали?

____

5. Вы на меня не сердитесь?

____

6. А вдруг Глеб не успеет приехать?

____

7. А что, если я во всем ошибаюсь?

____

8. Как бы не опоздать!

____

2. Прочитайте высказывания со значением опасения с нужной интонацией.

1. – Я не очень обременю вас, Сергей Степанович?
   – Что вы! Рад возможности быть полезным вам.
2. – Вы не устали, Анна Ивановна?
   – Нет–нет.
3. – Вы не простудитесь? Сегодня ветер, очень холодно.
   – Я тепло одета.
4. – Вы не опоздаете? Скоро начало спектакля.
   – Мы вызвали такси.

3. Прочитайте предложения, различая интонационно утверждение и опасение в данных высказываниях.

1. – Вы не опоздаете. Не спешите, у вас еще 10 минут.
   – Вы не опоздаете? Скоро начало фильма.
2. – Вы не простудитесь. Сегодня тепло.
   – Вы не простудитесь? Сегодня ветер очень холодный.

4. Определите значения предложений с сочетанием «что если» (опасение, предположение, пожелание, предложение сделать что-либо). Прочитайте с нужной интонацией.

1. Что если ветер переменится? Это может вызвать похолодание.
2. Что если они приедут завтра? Это было бы замечательно.
3. Что если нам немного перекусить? Хотя бы выпить чашечку кофе.
4. Что если завтра будет дождь? Как же мы тогда поедем?

5. Что вы скажете на предложение поехать учиться в Россию (или: посетить Александро-Невскую лавру, Петропавловскую крепость, Петродворец, Пушкин, Летний сад, Русский музей)?

6. Согласны ли вы с тем, что весна – самое приятное время года?

7. Составьте 3–4 диалога, используя формы выражения согласия-несогласия, сомнения, своей точки зрения, опасения.

8. Прочитайте. Обратите внимание на форму выражения согласия и несогласия.

ТРИ ПОДАРКА

Полдюжины булавок я вам преподношу
И быть моей женою покорно вас прошу.
Надеюсь, вы пойдете плясать со мной, со мной
И будете моей женой.

Полдюжины булавок от вас я не приму –
Полдюжины булавок нужны вам самому.
Плясать вы не пойдете со мной, со мной, со мной
И вашею не буду я женой.

Хрустальный колокольчик принес я вам, мой друг,
Когда проснетесь ночью, будите ваших слуг.
Надеюсь, вы пойдете плясать со мной, со мной
И будете моей женой.

Хрустальный колокольчик от вас я не приму –
Ваш глупый колокольчик не нужен никому.
Плясать вы не пойдете со мной, со мной, со мной
И вашею не буду я женой.

Принес я вам колечко – любви последний дар,
Алмазное колечко и бархатный футляр.
Надеюсь, вы пойдете плясать со мной, со мной
И будете моей женой.

Мне нравится колечко – горит оно как жар.
Оставьте мне колечко и бархатный футляр.
Могу я вам позволить плясать со мной, со мной
И вашею согласна быть женой.

Полдюжины булавок принес я в первый раз
И очень огорчился, услышав ваш отказ.
Хрустальный колокольчик потом я вам принес –
Меня своим отказом вы довели до слез.

Принес я вам колечко – любви последний дар,
Вы приняли колечко и бархатный футляр
И замуж вы согласны пойти на этот раз...
Да я–то не женюсь на вас.

С. Маршак

9. Прочитайте примеры употребления этикетных формул. Дайте свой комментарий.

①

– Женщина... – скривился Нематов.

– Безусловно. К тому же прелестная женщина.

– Это мне все равно. Дело в том, что последние годы мной руководили, правда не научно, одни женщины. Для разнообразия мне хотелось бы поработать под руководством мужчины.

– Так берите его, что тебя смущает?

– Вокруг него – какая-то аура неблагополучия. У нас коллектив дружный, веселый.

– Тебе виднее.

И. Грекова

②

– Неужели мы на две пенсии не проживем? Смешно. Ты согласен?

– Безусловно.

③

Когда он вышел, на лестнице стояла Данай.

– Наконец-то. А я все жду. Можно вам задать вопрос?

– Пожалуйста.

– Ведь вы пришли сюда, чтобы еще раз на меня поглядеть?

– Допустим, – сказал Нематов, которому ничего такого и в голову не приходило.

– Значит я вам нравлюсь?

– Допустим и это.

– Может быть, вы в меня влюблены?

– Ни в коем случае.

④

– Курить можно? – спросил Нематов.

– А вы разве курите? Напрасно! Нет, вы уж меня извините, я попрошу вас никогда при мне не курить. Я органически не выношу табачного дыма!

– Хорошо, не буду курить.

– Возьмите карамельку. – Ган открыл ящик стола. – Помогает. Когда-то именно так я бросил курить.

– Спасибо. Терпеть не могу сладкого.

– Очень жаль. Ну, так уж и быть, для первого раза курите. Разрушайте мое здоровье.

– Не трудитесь объяснять. Курить не буду. Я вас слушаю.

И. Грекова

⑤

– А знаешь что? Сделаем так. Я сейчас быстренько смотаюсь, переведу ей там несколько фраз, а как кончится сеанс, я буду ждать тебя у выхода. Если отсюда – правый угол. Договорились?

– Договорились!

А. Володин

⑥

– Давайте я вам что-нибудь спою, – предложил Лукашин.

– Потому что молчание слишком затянулось?

– Может быть, поэтому. Вообще-то я не очень хорошо пою, но люблю...

⑦

Павел глубокомысленно рассуждал:

– Я понимаю, ванна в каждой квартире – это правильно,

это удобно, это цивилизация. Но процесс мытья, который в бане звучит как торжественный обряд, в ванной – просто смывание грязи. И хорошие поздравительные слова – с легким паром! – они же к ванне неприменимы: какой может быть в ванной пар?

– Ты прав, баня очищает, – согласился Александр.

⑧

– Вот, возьми ключ и приходи к одиннадцати часам встречать Новый год! Я тебя люблю и хочу, чтобы ты стала моей женой!

Галя взяла ключ и, скрывая торжество, лицемерно заметила:

– Но я ведь буду мелькать у тебе перед глазами.

Лукашин чистосердечно признался:

– Я так этого хочу!

– Салат принести?

– Но я не понял главного: ты согласна или нет? – Очевидно, Лукашин был не самым крупным знатоком женской психологии.

– Но я ведь взяла ключ! – И быстро поцеловав Лукашина, Галя исчезла за дверью.

– А как же с Катанянами? – крикнул вдогонку счастливый зануда.

– Обойдутся.

⑨

Когда Надя кончила петь, Лукашин сказал неожиданно:

– Надя, у меня к вам просьба… Может быть, дерзкая…

– Какая?

– Вы не обидитесь?

– Постараюсь.

– И не прогоните меня?

– Если я до сих пор этого не сделала... Вы хотите, чтобы я еще спела? – улыбнулась Надя.

– Нет... Надя, можно, я выну из шкафа фотографию Ипполита и порву ее?

– Нет, нельзя... – холодно сказала Надя.

– Неужели вы огорчены, что Ипполит ушел? – Голос Лукашина звучал подавленно.

– Зачем вам это знать?

– Нужно.

– Огорчена, – с вызовом ответила Надя. – Да!

– Вы в этом уверены?

Надя промолчала.

Э. Брагинский, Э. Рязанов

10. Составьте диалоги по рисункам данной темы.

• • •

Тема VII

СОВЕТ, ПРЕДЛОЖЕНИЕ

Формы совета, предложения

Совет (рекомендация) что-либо сделать

Я предлагаю (советую, рекомендую) + инфинитив (прочитать эту статью).

Сходи! Посмотри!

Пригодится!

Разрешите предложить вам + инфинитив (прочитать эту монографию).

Вы бы изменили начало второй главы вашей диссертации.

Не изменить ли вам начало второй главы вашей монографии?

Я хочу посоветовать вам + инфинитив (пересмотреть свою точку зрения).

Я хотел бы предложить вам + сложноподчиненное предложение с союзом *чтобы* (чтобы вы пересмотрели свою точку зрения).

Нерешительный совет, предложение

Можно дать вам совет? Уберите первый параграф в вашем автореферате.

Может быть, вы измените конец первой главы?

Хорошо (неплохо, лучше) бы вам переработать вторую главу учебника.

Вам бы надо изменить вводную часть диссертации.

Хорошо бы выбросить второй параграф.

Неплохо бы заменить примеры на 21 странице.

Настоятельный совет, предложение

Обязательно (непременно, во что бы то ни стало) (посмотри, прочитай, сходи...).

Очень (убедительно) советую вам (учесть сделанные замечания).

Вы должны изменить третью главу вашей диссертации.

Вам надо (нужно, необходимо, следует) отдохнуть.

Ответные реплики

(Я) Подумаю.
(Я) Постараюсь.
(Я) Попробую.
(Я) Учту Ваши замечания.
Спасибо (благодарю) за совет.
Обязательно сделаю (схожу, прочитаю, доработаю...).
Не могу согласиться...
Придерживаюсь другой точки зрения.
Не совсем с Вами (тобой) согласен (согласна).
Да ты что! (Да Вы что!)

Задания

1. *Предложите вашему другу (подруге), гостям, Анне Ивановне, Глебу... попробовать блины со сметаной (пирог с капустой).*

2. *Посоветуйте переехать в другую гостиницу, сходить в бар, сменить прическу, отрастить волосы, подстричься, взять с собой зонтик, теплее одеться, сшить костюм, позвонить ему (ей), пригласить на обед, поехать за город.*

3. Продолжите данные контексты.

1. Рекомендую вам обратить внимание на эту девушку. Посмотрите, как она элегантно одета. Но я бы посоветовал ей …
2. Этот профессор очень интересно читает лекции по современному искусству. Но я бы рекомендовал ему …
3. Глеб прекрасно танцует современные танцы. Но я бы посоветовала Глебу …
4. Твоя сестра прекрасно готовит. Но я посоветовал бы ей …
5. Твой друг замечательно выглядит. Но я бы рекомендовала ему …
6. Рекомендую купить этот дом. Большой участок, рядом лес и озеро. Но я бы посоветовал …
7. Ты много печатаешь стихов. Их любят читать. Но я бы рекомендовал тебе …
8. Твои родители часто ходят в театр. Много времени тратят на приобретение билетов. Я бы посоветовал им …

4. Прочитайте предложения. Найдите речевые конструкции, выражающие рекомендации, совет.

1. Для каждой работы ищи рациональные приемы умственного труда.
2. Не жалей времени на то, чтобы помочь ближнему.
3. Умей избавиться от дурных привычек.
4. Умей себе самому сказать: нет.
5. Начинай рабочий день рано утром.
6. Надо учиться предотвращать различные конфликты.
7. Умей радоваться жизни.

8. Поезжай отдохнуть недельки на две на море.
9. Следите внимательно за получением корреспонденции.
10. Не выходите на этой остановке!

5. Что бы вы могли пожелать в данных ситуациях?

1. Мне надоело это слышать.
2. У меня плохой аппетит уже несколько дней.
3. Мой друг поехал отдыхать за рубеж.
4. У меня через неделю начнется отпуск.
5. Нашу квартиру начали ремонтировать.
6. К нам на месяц приедут отдыхать наши знакомые.

6. Прочитайте примеры употребления этикетных формул. Дайте свой комментарий.

①

– Виталий, послушайте, вы же очень музыкальны, вот имело бы смысл учиться...

– Я об этом думал, но решил, что нет. Для того чтобы приобрести пианино, нужно прежде всего быть обеспеченным площадью.

И. Грекова

②

– Мурзик! Мурзик! – стал звать Виталик, но кота нигде не было.

– Наверное, в форточку убежал, – сказала мама. – Пойди-ка во двор, позови его.

Н. Носов

③

Директор встал:

– Анна Кирилловна, мне кажется, наш гость немного утомлен. Слишком много впечатлений для первого раза. Юрий Иванович, я больше вас не задерживаю. Идите-ка домой, а завтра приносите документы. Ладно?

– Хорошо.

И. Грекова

④

Первая встреча состоялась в трамвае. Она тронула его за плечо и, когда он открыл глаза, сказала, показывая на окно:

– Вам сходить.

Трамвай уже остановился, и он прыгнул за ней. Она была совсем молодая, лет пятнадцати-шестнадцати, не больше, он понял это тут же, увидев ее круглое лицо, которое она повернула к нему, ожидая благодарности.

– Спасибо, – сказал он, – я мог проехать.

В. Распутин

7. Составьте диалоги по рисункам данной темы.

• • •

Тема VIII

КОМПЛИМЕНТЫ, ВЫРАЖЕНИЕ ОЦЕНКИ

Формы и виды комплиментов

Вы (очень) хорошо (прекрасно, замечательно, великолепно) выглядите.
Как вы хорошо (молодо) выглядите!
Ты сегодня прекрасно выглядишь!
Вы не меняетесь (Не изменились).
Вы не стареете.
Вы все молодеете.
Вы все такой же.
Кого я вижу! Сколько лет, сколько зим!
Вам не дашь ваших лет.
Вам нельзя (невозможно) дать ... лет.
Неужели это ваша дочь?
Вы (очень) умны (умный).
Вы красивы (обаятельны).
Вы так умны!
Как вы умны!
У вас хороший (приятный) голос...
У вас добрая улыбка.
У вас спортивная фигура.
У вас покладистый характер.
У вас острый (тонкий, проницательный, критический) ум.
У вас прекрасный (тонкий) вкус.
У вас хорошее (тонкое) чувство юмора.
Вас молодит эта стрижка.
Вам идет этот костюм (цвет).
Вам к лицу этот цвет.
Вы всегда красиво (модно, элегантно) одеты.
Ты всегда одеваешься с большим вкусом.

Вы хороший (замечательный) специалист (музыкант...).
Вы хорошо (прекрасно) переводите.
Вы великолепно танцуете.
С вами интересно общаться (разговаривать).
С вами приятно иметь дело.
С вашим характером легко жить.
У вас очаровательная жена.
У тебя симпатичные родители.
У вас такая молодая мать.
У тебя очень умный муж.

Положительная оценка

Нормально.
Хорошо (хороший).
Очень хорошо.
Прекрасно (прекрасный).
Замечательно (замечательный).
Супер.
Здóрово.
Класс (классно).
Великолепно (великолепный).
Изумительно (изумительный).
Восхитительно (восхитительный).
Феноменально (феноменальный).

Отрицательная оценка

Плохо.
Очень плохо.
Ужас.
Ужасно (ужасный).
Жуть.
Жутко (жуткий).
Скверно (скверный).
Гадость.
Ерунда.
Невыносимо (невыносимый).
Кошмар (Кошмарно!).
Взмутительно.
Чудовищно.

Неопределенная оценка

Ничего.
Так себе.
Ни хорошо ни плохо.
Ни рыба ни мясо.
Ни то ни сё.
Средне.
Не очень.
Терплю (терпимый).
Сносно (сносный).
Как обычно (как всегда).

Ответные реплики

Спасибо!
Спасибо за комплимент!
Вы мне делаете комплимент!
Это только комплимент.
Это вам только кажется.
Вы мне льстите.
Это преувеличение.
Вы преувеличиваете.
Ну что вы.
Мне (очень) приятно.
Приятно это слышать.
(Я) рад это слышать.
Я рад, что вам понравилось (это).
Вы тоже хорошо выглядите.
И у тебя красивая жена.
Я то же могу сказать и о вас.
То же можно сказать и о вас.

Задания

1. *Сделайте комплимент вашему другу (подруге), коллеге, шефу.*

2. *Сделайте комплименты самому себе.*

3. *Как вы понимаете эти выражения:*

   Хорошо, что у тебя есть я.
   Какой я умный!
   Какой я добрый!

4. Ответьте на данные комплименты.

1. Вы всё молодеете.
2. Вы так умны!
3. Вы так очаровательны!
4. Вы прекрасно танцуете.
5. Вы отличный специалист.
6. У вас тонкое чувство юмора.
7. Вам идет эта прическа.
8. С вами интересно общаться.
9. У вас острый ум.
10. Как вы красивы!
11. Неужели это ваша дочь?

5. Дополните диалог комплиментом.

1. __________
То же можно сказать и о вас.
2. __________
Вы тоже замечательно выглядите.
3. __________
Приятно это слышать.
4. __________
Ну что вы.
5. __________
Это только комплимент.
6. __________
Вы мне льстите.
7. __________
Вы мне делаете комплимент.
8. __________
Спасибо.
9. __________
Вы преувеличиваете.

6. *Представьте себе, что сегодняшний день будет для всех днем комплиментов. Сделайте комплименты вашим друзьям.*
7. *В аудиторию вошла слушательница курсов в новом костюме и с модной прической. Что вы ей скажете?*
8. *Какую оценку можно дать в следующих ситуациях?*

   1. Как дела?

   ____

   2. Как дети?

   ____

   3. Как прошли рождественские каникулы?

   ____

   4. Какое впечатление произвела на вас премьера?

   ____

   5. Как чувствует себя Ваш коллега?

   ____

   6. Как прошло путешествие?

   ____

   7. Вам понравился концерт?

   ____

   8. Это интересный фильм?

   ____

9. *Распределите слова по группам: слова, выражающие положительную оценку, отрицательную оценку и неопределенную оценку.*

1. Здо́рово. 2. Так себе. 3. Замечательно. 4. Супер. 5. Нормально. 6. Фантастика. 7. Терпимо. 8. Сносно. 9. Ни хорошо ни плохо. 10. Средне. 11. Ничего. 12. Ужасный.

10. *Прочитайте диалоги. Следите за правильной фонетикой и интонацией.*

①

– Аня, здравствуй! Что это с тобой? Тебя не узнать!
– Еще бы. Была сегодня в парикмахерской и покрасилась. Хорошо?

– Не то слово! Тебе очень идет!
– Спасибо.

②

– Здравствуй, Леопольд!
– Здравствуй, Элизабет!
– Как ты живешь?
– Ты знаешь, я недавно женился.
– Правда? Ты замечательно выглядишь. Сразу видно, что любим.
– Спасибо. А как ты? Замужем?
– Пока нет. Но у меня есть жених. Он музыкант.
– Поздравляю! Будь счастлива. Ты просто красавица.
– Спасибо. Приятно слышать. Ты всегда делал девушкам комплименты.

③

– Здравствуй, Георгий!
– О, Глеб! Здравствуй! Я прочитал твою новую книгу. Молодец! Я горжусь тобой.
– Спасибо. А я как раз хотел подарить тебе ее. Ты же известный критик!

11. Прочитайте примеры употребления этикетных формул. Дайте свой комментарий.

①

Мужа дома не было. Впрочем, он скоро явился.
– Мрачный муж пришел, – сказала Эллочка.
– Здравствуй, Еленочка. А это что такое? Откуда стулья?
– Хо-хо!
– Нет, в самом деле?
– Кр-расота!

②

– Взяток не беру, денег не краду и подделывать не умею.
– Жуть!

③

– Но ведь это возмутительно! Ты живешь не по средствам!

– Шутишь!

④

– Нет, это совершенно невыносимо. Твои доводы не могут меня удержать от того шага, который я вынужден сделать.

– Шутишь!

⑤

Председатель хотел было спросить о цели приезда лейтенантского сына в Арбатов, но неожиданно для самого себя злобно улыбнулся и сказал:

– Церкви у нас замечательные.

И. Ильф, Е. Петров

⑥

Филипп Филиппович покачал головой и спросил:

– Откуда взялась эта гадость? Я говорю о галстуке.

⑦

– Филипп Филиппович! – раздраженно воскликнул Филипп Филиппович. – Я вам не товарищ! Это чудовищно!

«Кошмар, кошмар», – подумалось ему.

⑧

Филипп Филиппович выпил стакан воды.

– Отлично, – поспокойнее заговорил он, – дело не в словах. Итак, что говорит этот ваш прелестный домком?

М. Булгаков

⑨

Они стояли и смотрели друг на друга.

– Как живешь? – спросила Артамонова.

– Нормально.

В. Токарева

⑩

– Ужас! Ужас! Погибнет человек. И как вы раньше не подумали?

– Сама не понимаю, – уныло согласилась я.

Тэффи

⑪

Закрепили паруса отлично. Никто из гостей не заметил задержки на несколько секунд.

– Великолепно, адмирал! – сказал князь. – Парусное учение замечательно.

К. Станюкович

⑫

– Трудно было?

– Терпимо...

Ю. Нагибин

⑬

– Мой милый, – сказал он, – моё восхищение Вами перешло всякие границы. Я в восторге! До свидания! Жду Вас!

Он с чувством пожал мне руку.

В. Голявкин

12. Прочитайте текст песни. Согласны ли вы с тем, что нужно говорить друг другу комплименты?

Давайте восклицать, друг другом восхищаться.
Высокопарных слов не надо опасаться.
Давайте говорить друг другу комплименты –
Ведь это все любви счастливые моменты.

Давайте горевать и плакать откровенно
То вместе, то поврозь, а то попеременно.
Не надо придавать значения злословью –
Поскольку грусть всегда соседствует с любовью.

Давайте понимать друг друга с полуслова,
Чтоб, ошибившись раз, не ошибиться снова.
Давайте жить, во всем друг другу потакая, –
Тем более, что жизнь короткая такая.

Б. Окуджава

13. Какие комплименты вы сделаете в следующих ситуациях?

1. Вы встретили знакомую, с которой не виделись пять лет.
2. Вы пришли в театр, встретили там своих друзей.
3. Вы встретили в спортзале коллегу с дочерью.
4. У вашей подруги новый серебряный браслет и новые кварцевые часы.

14. Прочитайте синонимы и распределите их по степени усиления положительной оценки. Придумайте комплимент, используя данные прилагательные в полной и краткой форме.

Симпатичный, очаровательный, приятный, замечательный, прекрасный, восхитительный, изумительный, великолепный.

15. Скажите комплимент известному артисту после премьеры; коллеге в день юбилея.

16. Используя данные прилагательные, сделайте комплименты.

Молодой, остроумный, симпатичный, добрый, веселый, компанейский, элегантный.

17. Дайте ответные комплименты.

1. Вы самый умный слушатель курсов русского языка.
2. Вы очень милый человек.
3. Вы всегда такая жизнерадостная.
4. У вас прекрасное чувство юмора.
5. Вы так прекрасно выглядите.
6. Вы так оригинально читаете стихи.
7. У вас замечательный голос.

18. Какие комплименты можно сделать, чтобы не обидеть, некрасивой девушке, пожилому мужчине, полной женщине?

19. Прочитайте пословицу. В какой ситуации ее можно употреблять?

Сам себя не похвалишь — никто тебя не похвалит.

20. Скажите, чем отличается комплимент от лести? Мотивируйте свой ответ.

21. Прочитайте басню. Обратите внимание на формы выражения комплиментов.

ВОРОНА И ЛИСИЦА

… Вороне где-то Бог послал кусочек сыру;
    На ель Ворона взгромоздясь,
Позавтракать совсем уж было собралась,
    Да призадумалась, а сыр во рту держала.
        На ту беду Лиса близехонько бежала;
    Вдруг сырный дух Лису остановил:
Лисица видит сыр, Лисицу сыр пленил.
Плутовка к дереву на цыпочках подходит,
Вертит хвостом, с вороны глаз не сводит
    И говорит так сладко, чуть дыша:

"Голубушка, как хороша!
Ну что за шейка, что за глазки!
Рассказывать – так, право, сказки!
Какие перушки! какой носок!
И, верно, ангельский быть должен голосок!
Спой, светик, не стыдись! Что, ежели, сестрица,
При красоте такой и петь ты мастерица,
Ведь ты была б у нас царь-птица!"
Вещуньина с похвал вскружилась голова,
От радости в зобу дыханье сперло,
И на приветливы Лисицыны слова
Ворона каркнула во все воронье горло, –
Сыр выпал – с ним была плутовка такова.

И. Крылов

22. *Прочитайте примеры употребления этикетных формул. Дайте свой комментарий.*

①

– Пирожки чудесные, – сказал он.
– Да? Старалась. А ты что-то бледен сегодня.
– А обычно я румян?
– Не то чтобы очень. А как самочувствие?
– Прекрасно. Как себя может чувствовать человек, у которого лучшая жена на свете?

②

Вошел мой заместитель, Вячеслав Николаевич Лебедев.
– Как со сметой на лабораторию? – сухо спросила я.
– Не утверждают.
– Ну я так и знала.
– Марья Владимировна, вы сегодня ослепительны.
Он поцеловал мне руку. Обычно он этого не делает.
– Острижена, причесана, – только и всего.
– Нет, не говорите. Все-таки наша старая гвардия.

③

– Виталий, вы приобретаете популярность.

– Мне эта популярность, если сказать правду, ни к чему. Я заинтересован подобрать себе солидную клиентуру. Меня, например, рекомендовали одной жене маршала.

④

– Вы прекрасно одеты, Галя, и вам никак нельзя дать больше восемнадцати–двадцати.

– Вы шутите, Марья Владимировна.

– Правда.

– Ну спасибо.

⑤

– Как, вы удовлетворены? – спросил Виталий.

– Замечательно! Да вы художник!

– Меня рано называть художником, но если я буду заниматься этой специальностью, то постараюсь проявить себя как художник.

⑥

– Мать! Какая прическа!! Николай, скорей сюда! Погляди, какая у нас мать!

– Ну и ну! – только и сказал он. – Лапу!

И. Грекова

23. Составьте диалоги по рисункам данной темы.

• • •

Тема IX

ПОЗДРАВЛЕНИЯ, ПОЖЕЛАНИЯ

Поздравления

Официальное

Примите мои поздравления с + (днем рождения и т. п.)

Нейтральное

(От всей души, от всего сердца) поздравляю(ем) с ...

Я хочу / Мне хочется } поздравить вас, тебя

С праздником!

С Новым годом!

С днем рождения! и т. п.

Шлю (вам, тебе) (свои) поздравления (обычно в письмах)

Передай(те) мои поздравления (поздравления третьему лицу)

Пожелания

Официальное

Разрешите пожелать (вам) (успехов, счастья и т. п.) (быстрее выздоравливать и т. п.)

Нейтральное

(От всей души, от всего сердца) желаю(ем) (вам, тебе) (счастья, успехов, здоровья, удачи, скорейшего выздоровления и т. д.)

Желаю(ем) (вам, тебе) (не болеть, выздороветь, сдать экзамен)

Крепкого вам (тебе) здоровья!

Долгих / Многих } вам (тебе) лет жизни!

Пусть всё у тебя будет хорошо.

Не болей(те) / Выздоравливай(те) / Поправляй(ся, тесь) } (пожелания больному)

Передай(те) мои наилучшие пожелания (пожелания третьему лицу)

Обычное в письмах

Примите мои (самые теплые, горячие, самые искренние) пожелания счастья.

Шлю (посылаю) (вам, тебе) (свои) (самые горячие и т.д.) пожелания.

Разговорное

Успехов! / Счастья! / Удачи! } вам (тебе)! и т. д.

Всего тебе самого-самого!

Пожелание на ночь

Спокойной ночи!

Приятного сна!

Пожелание перед едой

Приятного аппетита!

Тосты

Я поднимаю (этот) бокал за (дружбу, любовь родителей, хозяйку дома, хозяина дома, моих друзей, наших гостей, мою подругу (жену), моего друга (шефа, мужа, тебя, Вас, нас, встречу в ... , исполнение желаний, детей), прекрасных дам, успех нашего проекта, успешное (скорейшее) подписание контракта...)

Задания

1. *Ответьте на вопросы.*
   1. Когда люди поздравляют друг друга?
   2. Какие бывают праздники?
   3. Что обычно желают друг другу?
   4. Какие вы знаете официальные праздники в России?
   5. Какие неофициальные (личные) праздники вы отмечаете?

2. *Что вы можете пожелать девушке, юноше, мужчине, пожилой женщине?*

3. *Пошлите поздравительную открытку вашим родителям по случаю 25-летнего юбилея со дня свадьбы.*

4. *У вашего друга родился сын. Что можно ему пожелать?*

5. *В каких ситуациях можно употреблять выражение «Ни пуха ни пера»?*

6. *Какие тосты можно произнести за праздничным столом?*

7. *Поздравьте вашего друга (подругу), коллегу, шефа: 1) с днем рождения; 2) с наступающим праздником; 3) с юбилеем. В поздравлениях используйте разговорные конструкции, данные в таблице.*

8. *Передайте поздравления третьему лицу в письме или открытке.*

9. *Поздравьте в актовом зале коллег с 60-летним юбилеем института.*

10. *Составьте пожелания: на ночь, перед едой, гостям, слушателям курсов, в поздравительной открытке, больному.*

11. *Какие вы хотели бы высказать пожелания преподавателям курсов русского языка?*

12. *Напишите пожелания, используя следующие формы обращения:*

1) Дорогие друзья! ___________
2) Анечка! ___________
3) Уважаемые коллеги! ___________
4) Анна Ивановна! ___________
5) Глебушка ___________
6) Мамочка! ___________
7) Доченька! ___________
8) Сергей Степанович! ___________
9) Девочки и мальчики! ___________
10) Товарищи! ___________
11) Уважаемые члены Ученого совета! ___________
12) Дамы и господа! ___________

13. *Прослушайте стихотворение С. Маршака «Пожелание друзьям». Обратите внимание на способ выражения пожеланий.*

Желаю вам цвести, расти,
Копить, крепить здоровье.
Оно для дальнего пути –
Главнейшее условье.

Пусть каждый день и каждый час
Вам новое добудет.
Пусть добрым будет ум у вас,
А сердце умным будет.

Вам от души желаю я,
Друзья, всего хорошего.
А все хорошее, друзья,
Дается нам не дешево!

14. Прочитайте примеры употребления этикетных формул. Дайте свой комментарий.

①

– Павел, скажи тост! Ты у нас самый красноречивый, – предложил Александр.

Павел поднялся, все тоже встали.

– За нашего застенчивого друга Женю Лукашина, который наконец преодолел этот недостаток и нашел себе жену – последний из нашей компании. Будь счастлив, Евгений!

②

Надя протянула ему телефонную книгу.

Лукашин набрал номер:

– Аэропорт? С Новым годом, девушка. Когда на Москву первый самолет? Спасибо. – Он повесил трубку. – В семь пятнадцать.

Э. Брагинский, Э. Рязанов

15. Составьте диалоги по рисункам данной темы.

• • •

Тема X

РАЗГОВОР ПО ТЕЛЕФОНУ

Реакция на звонок

Алло!
Да!
(Я) Слушаю!
Лысакова слушает.
Лысакова у телефона.
Лысакова.
Гостиница «Астория».
Справочное.
Секретарь ректора.
Деканат.

Приглашение к телефону

Позовите профессора Колесова (Анну Владимировну, Аню, Глеба).
Позовите, пожалуйста, ... !
Попросите, пожалуйста, ... !
Можно (ли) Анну Ивановну?
Нельзя ли ... ?
Вам не трудно позвать Анну Ивановну?
Мне нужен Глеб.
Мне Николая.
Мне Анну Ивановну.
Аню!
Максимову.
Анну Владимировну к телефону!
Анна Ивановна, вас просят подойти к телефону.
Анна Ивановна, вас к телефону.
Анна Ивановна, вас!
Анна Ивановна, из министерства!
Анна Ивановна, вам звонят (вас спрашивают) из ректората!
Аня, это тебя!
Аня, тебя.

Уточнение адресата

(Простите) Это иностранный деканат?
Девушка, это редакция?
(Простите) Это Анна Ивановна?
Это ты, Аня?

Ответные реплики

Да.
Да, вы не ошиблись.
Совершенно верно.
Да, это я.
Вы ошиблись.
Вы ошиблись номером.
Вы набрали неправильный номер.
Вы неправильно набрали.
Вы не туда попали.
Нет, это не Анна Ивановна.
Здесь таких нет.
Такого (такой) здесь нет.
Куда вы звоните?
Вы какой номер набрали?

Сейчас позову!
Сейчас!
Сейчас он (она) подойдет!
Подождите минутку!
Минутку!
Минуточку!
Пожалуйста, не кладите трубку.
Пожалуйста, не вешайте трубку!
Ждите у телефона!
Ждите!

Его (ее) нет (дома, на работе).
Его сейчас нет.
Он ушел (вышел).
Он (она) придет позже.
Позвоните попозже.
Позвоните через час.
Вы можете позвонить через 15 минут?
Вам не трудно позвонить еще раз?
К сожалению его (ее) еще нет.
К сожалению, Аня еще не пришла.
Ани нет. Что ей передать?
Глеба сейчас нет. Кто его спрашивает?

Спасибо!
Спасибо, иду.
Иду.
Сейчас иду.
Сейчас.

Это я.
Я не узнал вас.
Я не узнал ваш голос.
Я у телефона.
Нас прервали.
Нас разъединили.
Нас перебили.
Плохо слышно. Я перезвоню.
Положите трубку. Я перезвоню.
Перезвоните мне, пожалуйста.

Здравствуйте, Анна Ивановна!
С вами говорит (вам звонит) Борис.
Вам звонит господин Петров.

Передача информации

Передайте ему (ей), что звонил Коля.
Попросите его (ее) позвонить Гостюхиной.
Я позвоню еще раз.
Вам звонил Моисеев и просил позвонить ему.
Вас просили позвонить в министерство в пять часов.
Звонил Лука Степанович и просил передать, что позвонит вечером.
Тебе кто–то звонил.

Задания

1. *Позвоните: другу (подруге), секретарю ректора, в справочное бюро, в гостиницу, аэропорт, Московский вокзал, Луке Степановичу, Анне Ивановне, Глебу, Николаю, Тоне, используя разговорные конструкции.*

2. *Что можно сказать по телефону в следующих ситуациях:*

   1) Вы позвонили вашему коллеге, но его не оказалось на месте.
   2) Вам позвонили в гостиницу из Вены, но было плохо слышно.
   3) Позвонили ректору института, но он был на совещании.
   4) К телефону попросили Анну Владимировну, но она находилась в соседней комнате.

3. Дайте ответные реплики:

1) Позовите, пожалуйста, профессора Смирнова.

____

2) Вам не трудно позвать Анну Ивановну?

____

3) Мне нужен Николай.

____

4) Простите, это справочное?

____

5) Это ты,. Толя?

____

4. Используя ответные реплики, восстановите диалоги.

1) ___________
Да, вы не ошиблись.
2) ___________
Да, это я.
3) ___________
Вы не туда попали.
4) ___________
Здесь таких нет.
5) ___________
Куда вы звоните?
6) ___________
Вы какой номер набрали?
7) ___________
Слушаю.
8) ___________
Гостиница «Петербург».
9) ___________
Слушаю вас.

10) __________
Сейчас позову.
11) __________
Минутку!
12) __________
Не вешайте трубку. Сейчас позову.
13) __________
Позвоните попозже.
14) __________
Вам не трудно позвонить минут через тридцать?
15) __________
Глеба нет. Что ему передать?
16) __________
Георгия сейчас нет. Кто его спрашивает?

5. *Что можно сказать на данные ответные реплики?*

1) __________
Это я.
2) __________
Я не узнал вас.
3) __________
Я у телефона.
4) __________
Нас прервали.
5) __________
Нас разъединили.
6) __________
Плохо слышно. Я перезвоню.
7) __________
Положите трубку. Я перезвоню.

6. Позвоните кому-либо из ваших друзей, родственников, коллег.

7. Закажите по телефону разговор с Веной, Парижем.

8. Пошлите по телефону поздравительную телеграмму вашему другу (подруге).

9. Закажите по телефону два железнодорожных билета в Сочи.

10. Передайте по телефону Глебу, что Анна Владимировна переносит экзамен на следующий четверг.

11. Прочитайте. Следите за правильной фонетикой и интонацией:

①

– Анна Ивановна? Доброе утро! С вами говорит Элизабет Сках.

– Доброе утро. Как ваши дела?

– Спасибо, нормально. Мне передали, что вы просили позвонить вам.

– Да. Я хотела сообщить вам, что вы можете прийти завтра в три часа на кафедру и я передам вам вашу работу.

– Спасибо большое. Буду ждать вас завтра в три часа. Всего вам доброго.

– До свидания. До завтра.

②

– Позовите, пожалуйста, Анну Владимировну.

– Я слушаю вас.

– Здравствуйте, Анна Владимировна. Это говорит Леопольд. Сегодня я плохо себя чувствую, поэтому, к сожалению, не могу быть на занятиях.

– Что с вами?

– Наверное, простудился. Высокая температура и болит голова.

– Ну что же. Спасибо, что предупредили. Лечитесь.

– Спасибо. Постараюсь не болеть долго.

③

– Позовите к телефону Аню.

– Одну минуточку.

– Слушаю.

– Здравствуй, Анечка. Говорит Георгий.

– А, Георгий! Здравствуй. Рада тебя слышать.

– Анечка, что ты сегодня делаешь вечером?

– Ничего.

– Я купил билеты в филармонию и хотел бы тебя пригласить. Пойдем?

– С удовольствием.

– Тогда я буду ждать тебя у метро в семь. Договорились?

– Хорошо.

④

– Можно Бориса Николаевича?

– Подождите, пожалуйста, сейчас позову. А кто его спрашивает?

– Его коллега. Разве вы меня не узнаете?

– Неужели это Аня?

– Да. Я только вчера вернулась из Австралии и хотела бы встретиться с Борисом Николаевичем. Он, надеюсь, никуда не собирается уезжать?

– Как будто бы нет. Сейчас я его позову.

12. Прочитайте примеры употребления этикетных формул. Дайте свой комментарий.

①

– Это секретариат? – он старался изменить голос.

– Да.

– Прошу срочно соединить меня с послом.

– Посла вызвать нельзя, – очень чисто по-русски ответили ему. – А вы по какому вопросу?

– Тогда – поверенного в делах! Или военного атташе! Прошу не медлить!

– Хорошо, соединяю с атташе.

А. Солженицын

②

– Ой, Марья Владимировна, тут вам звонили откуда-то, не то из Совета Министерства, не то из совета по кибернетике, я забыла...

– И что сказали?

– Тоже забыла... Кажется, просили позвонить...

– По какому телефону?

– Я не спросила.

– Галя, сколько раз вам нужно повторять: не можете запомнить – записывайте.

– Я не успела. Они быстро так трубку повесили... Простите, Марья Дмитриевна.

– Ну ладно, только чтобы это было в последний раз.

③

– Слушаю.

– Девушка, – сказал самоуверенный голос, – ну-ка давайте сюда Лебедева, да поскорее.

– Послушайте, вы, – сказала я, – прежде, чем называть кого-нибудь «девушка», узнайте, девушка ли она.

– Чего-чего? – спросил он.

– Ничего, – злорадно ответила я. – С вами говорит директор института профессор Ковалева, и могу вас уверить, что я не девушка.

И. Грекова

④

Бузыкин стоял в телефонной будке.

– Алла, я сегодня не смогу прийти.

– Почему?

– Тут такие дела...

– Приходи после дел.

– Будет поздно. Я тебе завтра позвоню, тут уже стучат...

⑤

Лукашин набрал номер.

– С наступающим вас, девушка. Примите, пожалуйста, заказ на Москву, 245-34-09. Кто подойдет. Номер в Ленинграде? – Он поглядел на Надю.

– 14-50-30, – подсказала Надя.

Лукашин повторил номер и растерянно повесил трубку.

– Она сказала, что дадут в течение часа!

Э. Брагинский, Э. Рязанов

13. Прочитайте диалоги. Составьте аналогичные.

①

– Слушаю.

– Это Анна Ивановна?

– Да.

– Здравствуйте, Анна Ивановна. Это говорит Наташа. Николай Петрович дома?

– Его сейчас нет в городе. Он уехал в командировку.

– А когда он вернется?

– Думаю, в конце недели. Позвоните в пятницу вечером, после девяти.

– Спасибо. До свидания.

– Всего хорошего.

②

– Алло.

– Простите, пожалуйста, это аптека?

– Нет, вы ошиблись номером.

– Извините.

– Пожалуйста.

③

– Шестой слушает.

– Добрый день. Я хотел бы заказать на завтра такси до аэропорта.

– На какое время?

– На 17 часов.

– Ваш адрес?

– Петропавловская улица, дом 17, кв. 5.

– Ваш телефон?

– 323-04-79

– Кто заказывает?

– Петров.

– Заказ принят.

④

– Я слушаю.

– Николай Павлович? Добрый вечер! С вами говорит Светлана.

– Добрый вечер! Как ваши дела?

– Спасибо, все нормально. Вы просили позвонить вам, чтобы договориться о встрече.

– Да. Вы могли бы завтра подойти ко мне в офис.

– А когда?

– Часов в 16.

– Да, конечно. Буду у вас завтра в 16 часов.

– До свидания.

– До встречи.

⑤

– Семнадцатый слушает.

– Это справочное?

– Да.

– Скажите, пожалуйста, когда прибывает поезд из Парижа?

– В 19 часов, но он опаздывает на 1 час.

⑥

– Слушаю.

– Привет, Николай.

– А, это ты, Сереж? Привет.

– Слушай, может быть, зайдем завтра в ресторан, пообедаем вместе и обсудим наши дела?

– Согласен. Где и когда встречаемся?

– Я могу заехать за тобой в два, решим на месте, куда пойдем.

– Договорились. Буду ждать тебя. До завтра.

⑦

– Алло.

– Здравствуйте! Это железнодорожная касса?

– Да.

– Я хотел бы заказать билет до Москвы на 21–е апреля.

– На какой поезд?

– На первый или шестой. После 23–х. Желательно нижнюю полку.

– Купейный или плацкартный вагон?

– Купейный.

– Только туда?

– Туда и обратно.

– Один купейный Петербург – Москва и обратно. Будете выкупать в кассе или с доставкой?

– С доставкой.

– Ваш адрес?

– Большой проспект, 12. Офис 36, Левченко.

– Билет будет стоить 514 рублей плюс 50 рублей доставка.

– Хорошо, а когда поезд отправляется из Петербурга?

– В 23–50.

– Большое спасибо. Когда будут билеты?

– 20 апреля с 10 до 12 часов.

– Всего доброго.

– До свидания.

14. Составьте диалоги по рисункам данной темы.

• • •